<그리스도인이면 꼭 알아야 할 성경 지식>

베드로전서

그리스도인은 왜 고난을 받는가?

서울솔로몬학교 성경연수원

차 례

이 책에 인용된 성경 구절은 〈한글킹제임스성경〉입니다.

제1과
베드로전서는 어떤 책인가?

『그러나 모든 은혜의 하나님, 곧 그리스도 예수로 인하여 그의 영원한 영광으로 우리를 부르신 분께서, 너희가 잠깐 고난을 받은 후에 너희를 온전케 하시고, 견고케 하시며, 힘을 주시고, 확고히 하시느니라』(벧전 5:10).

베드로가 들려주는 위대한 교훈

베드로는 3년 6개월 동안 예수님과 함께 사역하면서 주님께서 행하신 여러 가지 치유와 능력과 이적과 표적과 기적들을 경험했고, 심지어 예수님의 명령에 따라 직접 물 위를 걷기도 했다(마 14:29). 또한 열두 제자들 중에서 야고보과 요한과 더불어 "핵심 멤버"(Inner Circle)에 속할 만큼 수제자의 위치에 있었다. 하지만 사탄이 밀처럼 키질하기 위해 쳐 놓은 덫에 걸려(눅 22:31) 가장 어둡고 비통한 밤을 보낸 적도 있었는데(눅 22:54-62), 그날 밤 베드로는 그의 전 생애에 있어서 가장 처절하고 참혹한 순간에 직면하여 너무나 허무하고 괴로운 밤을 보냈었다. 겟세마네 동산에서 예수님이 붙잡히시던 그 순간만큼은 대제사장의 종의 오른쪽 귀를 칼로 잘라 버릴 정도로 주님과 함께 감옥이나 죽음에까지도 갈 준비가 되어 있던 용기 있는 제자였지만, 결과적으로는 예수님의 경고대로 주님을 세 번 부인했고(눅 22:34), 그것도 저주하고 맹세하면서 부인했고, 그 결과 베드로의 인생에 가장 비통하고 어두운 밤이 드리우고 말았던 것이다. 그러나 선한 목자이신 예수님께서는 그 일로 인해 제자의 직분을 상실한(막 16:7) 베드로를 다시 찾아오셨고, "네가 나를 사랑하느냐?"라고 세 번 물으시는 가운데 그를 회복시키셨다(요 21:15-19). 그처럼 산전수전을 모두 겪은 베드로는 이런 일련의 과정을 겪으면서 경험하고 깨달았던 소중한 진리들을, 성령의 감동을 받아(벧후 1:21) 그의 손끝으로 기록한 "베드로전서"를 통해 위대한 교훈을 들려주고 있다.

일반서신(General Epistles)의 의미

히브리서에서 유다서까지, 이상 여덟 권의 책은 바울 서신과 분리해서 "일반 서신"으로 분류되는데, 주로 "유대인을 위한 경륜"을 다루고 있다. 따라서 이 책들 안에는 교회의 휴거 이후에 펼쳐질 "환란 시대의 교리들과 지침들"이 상당수 발견된다. 하지만 그와 동시에 "교회 시대에 적용할 수 있는 구절들"도 다수 등장하는데, 베드로전서, 베드로후서, 요한일서, 요한이서, 요한삼서가 특히 그렇다.

사도 베드로가 기록한 "베드로전서"와 "베드로후서"는 다른 일반 서신보다 덜 "유대인적"이다. 특히 베드로전서가 예루살렘이나 유대에 사는 유대인들이 아니라, "다른 나라에 흩어져 있는 타국인 그리스도인들"(1절)에게 보낸 서신임을

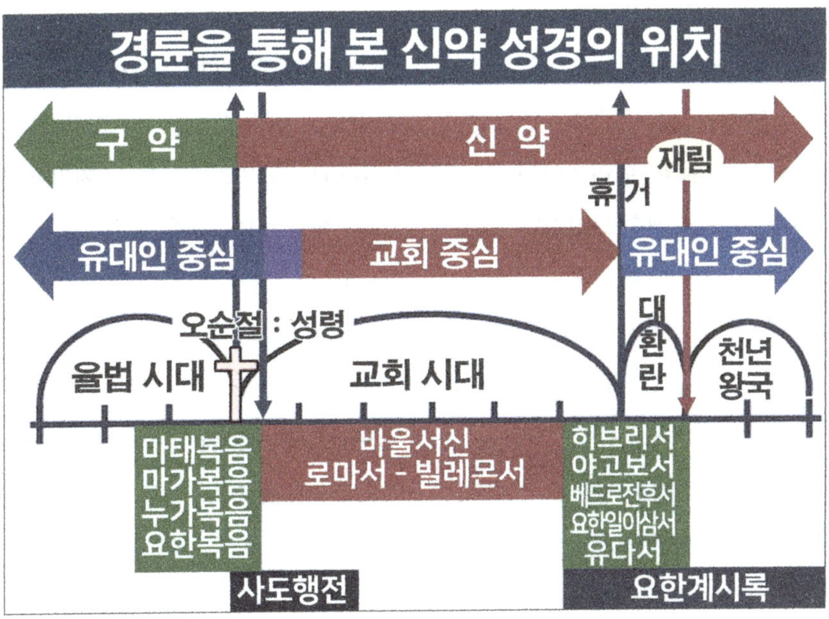

감안할 때, 그와 같은 특징을 보다 더 확연하게 인지하게 된다.

베드로전서는 "누구"를 위해 기록되었는가?(1,2절)

『예수 그리스도의 사도 베드로는 본도, 갈라디아, 갑바도기아, 아시아와 비두니아에 흩어져 있는 타국인들 곧 하나님 아버지의 미리 아심을 따라 성령의 거룩케 하심을 통하여, 순종함과 예수 그리스도의 피뿌림으로 택함받은 자들에게 *편지하노니*, 은혜와 평강이 너희에게 충만할지어다』(1,2절).

갈릴리의 직업 어부였던 "**사도 베드로**"가 "**A.D. 60년경**"에 기록했다. 이 서신은 "**예수 그리스도의 피로 구속받은 타국인 그리스도인들**"을 위해 기록되었다. 소아시아 지역에 흩어져 있는 "**타국인들**"(strangers)은 유대인들이 아니고 "**이방인들**"(gentiles)이다(cf. 엡 2:12). 그 타국인들은 예수 그리스도의 피뿌림으로 "**택함받은 성도들**"이다. **하나님의 택함을 받기 위한 조건**을 살펴보면 첫째, 아버지 하나님의 "**미리 아심**"이 전제되어 있다(cf. 롬 8:29). 둘째, 십자가에서 구속을 이루신 예수 그리스도의 "**피 뿌림**"이 있어야 한다. 셋째, 예수 그리스도의 피로 완성된 복음에 믿음으로 "**순종해야**" 한다(롬 1:5; 6:17; 10:16,17; 16:26). 넷째, 진리를 믿어(살후 2:13) 예수 그리스도의 피로 정결케 되는(히 9:12-14) "**성령의 거룩케 하심**"이 있어야 한다. 이 모든 조건이 갖추어질 때 성령 하나님께서는 구원받은 성도 안으로 들어가셔서 죽었던 영을 살리시고(거듭남), 성령 침례를 통해 그 성도를 "그리스도의 몸 안으로" 넣으신다. 이처럼 "**그리스도의 몸 안으로**" 성령 침례를 받는 순간, 그 성도는 "**그리스도 안에서 택함을 받게**" 된다(엡 1:4-6).

베드로전서의 특징과 주제

베드로전서는 기록 대상이 "이방인 그리스도인들"이기에(1,2절) 일반 서신에 속하면서도 가장 "바울적인 서신"이라 할 수 있다. 환란 시대의 유대인에게 적용되는 교리들이 일부 등장하지만(벧전 1:10,18; 2:12), "믿음을 통한 구원"(9절)이나 "구원의 영원한 보장"(4,5절)과 같은 "교회의 경륜"을 위한 교리들이 상당수 발견된다. 또한 믿음에 관한 근본적인 진리들이 제시되어 있고, 예수 그리스도의 속죄와 더불어 "고난에 대한 승리"를 강조하고 있다.

베드로전서의 "주제"는 "그리스도인의 고난"이다(벧전 1:7; 2:20,21; 3:14; 4:16; 5:10). 베드로전서에서는 "고난"이라는 단어가 16회 나오고, 고난에 관한 여러 가지 진리들을 제시하고 있다.

> 『사랑하는 자들아, 너희를 연단시키려는 불 같은 시련에 관하여 너희에게 어떤 이상한 일이 일어나는 것처럼 이상하게 여기지 말고 도리어 너희가 그리스도의 고난에 참여하는 자들이 되는 것이니 즐거워하라. 이는 그의 영광이 나타나실 때에 너희도 큰 기쁨으로 즐거워하게 하려 함이니라』(벧전 4:12,13).

베드로전서에는 "은혜"라는 단어도 8회 나오는데, 이렇게 은혜를 강조하고 있는 이유는 은혜가 "고난을 잘 견뎌 내게 해 주는 힘"이 되기 때문이다.

> 『그러나 모든 은혜의 하나님, 곧 그리스도 예수로 인하여 그의 영원한 영광으로 우리를 부르신 분께서, 너희가 잠깐 고난을 받은 후에 너희를 온전케 하시고, 견고케 하시며, 힘을 주시고, 확고히 하시느니라』(벧전 5:10).

사도 베드로가 생생하게 들려주는 소중한 권면들

베드로가 예수 그리스도의 부르심을 받은 이후로 그분과 동행하면서 "직접 몸으로 부딪치면서 보고 듣고 깨달은" 진리들이 그가 쓴 두 권의 서신에 잘 녹아 있다. 따라서 우리는 이 두 권의 서신을 통해 그 소중한 권면들을 아주 생동감 있게 들을 수 있다.

새 예루살렘에 대한 소망이 있다. 『나의 아버지 집에는 많은 저택들이 있느니라. 그렇지 아니하면 내가 너희에게 말하였으리라. 나는 너희를 위하여 처소를 마련하러 가노라』(요 14:2). 『너희를 위하여 하늘에 썩지 않고 더럽지 않고 쇠잔하지 않는 유업을 간직해 두셨으니』(벧전 1:4). 하나님께서 우리를 위하여 하늘에 간직해 두신 유업은 "새 예루살렘"으로서, 그 도성 안에는 많은 "저택들"(mansions)이 있다(계 21:10-22:5).

강력한 능력으로 보호해 주신다. 『그들을 나에게 주신 나의 아버지는 만유보다 더 위대하시니, 아무도 나의 아버지 손에서 그들을 빼앗아 갈 수 없느니라』(요 10:29). 『너희는 마지막 때에 나타내려고 예비하신 구원을 얻기 위하여 믿음으로 말미암아 하나님의 능력으로 보호받고 있느니라』(벧전 1:5).

변형산 사건(마 17:1-13)과 확실한 예언의 말씀을 주의하여 보라. 『엿새 후에 예수께서 베드로와 야고보와 야고보의 형제 요한을 데리고 따로 떨어져 있는 높은 산으로 올라가시어, 그들 앞에서 변형되시니 그의 얼굴은 해처럼 빛나고 그의 옷은 빛처럼 희어지더라』(마 17:1,2). 『우리가... 이 음성은 우리가 그와 함께 거룩한 산에 있을 때 하늘에서 나온 것을 들은 것이라. 우리에게 더 확실한 예언의 말씀이 있으니, 날이 새어 샛별이 너희 마음에 떠오르기까지... 이 예언의 말씀에 주의하는 것이 잘하는 것이니라』(벧후 1:16-19).

마귀와의 영적 전쟁에 늘 깨어 있어야 한다. 『**또 주께서 말씀하시기를 "시몬아, 시몬아, 보라, 사탄이 너희를 밀처럼 키질하려고 찾았느니라**』(눅 22:31). 『**정신을 차리고 깨어 있으라. 이는 너희의 대적 마귀가 울부짖는 사자처럼 삼킬 자를 찾아 두루 다니기 때문이니라**』(벧전 5:8).

양들을 먹이는 목자로서 본이 되어야 한다. 『**세 번째 그에게 말씀하시기를 "요나의 아들 시몬아, 네가 나를 사랑하느냐?"고 하시니라... "내 양들을 먹이라."고 하시니라**』(요 21:17). 『**하나님께서 맡겨 주신 자들을 지배하려 하지 말고 오직 양무리의 본이 되라. 그리하면 목자장이 나타나실 때 너희가 시들지 않는 영광의 면류관을 받으리라**』(벧전 5:3,4).

■ 새롭게 깨달았거나 적용할 내용이 있다면 적어 보세요. ■

제1과
복습문제

1. 베드로전서는 소아시아 지역에 흩어져 있는 "유대인들"에게 기록되었다.
(O , X)

2. 다음 중 하나님의 선택을 받을 수 있는 조건이 <u>아닌</u> 것은? (   )
① 미리 아심　　② 복음에 순종함
③ 예수님의 피 뿌림　　④ 성령의 거룩케 하심
⑤ 미리 정하심

3. 베드로전서의 주제는 "그리스도인의 (   )"이다.

4. 『사랑하는 자들아, 너희를 연단시키려는 불 같은 시련에 관하여 너희에게 어떤 이상한 일이 일어나는 것처럼 이상하게 여기지 말고 도리어 너희가 그리스도의 (   )에 참여하는 자들이 되는 것이니 즐거워하라. 이는 그의 영광이 나타나실 때에 너희도 큰 기쁨으로 즐거워하게 하려 함이니라』(벧전 4:12,13).

5. 『그러나 모든 (   )의 하나님, 곧 그리스도 예수로 인하여 그의 영원한 영광으로 우리를 부르신 분께서, 너희가 잠깐 고난을 받은 후에 너희를 온전케 하시고, 견고케 하시며, 힘을 주시고, 확고히 하시느니라』(벧전 5:10).

NOTES

NOTES

제2과
구원받은 성도의 믿음의 시련(1장)

『너희 믿음의 시련이, 불로써 단련될지라도 없어져 버리는 금보다 훨씬 더 귀하게 되어 예수 그리스도께서 나타나실 때에 칭찬과 존귀와 영광을 받게 하려 함이니라』(벧전 1:7).

고난이 주는 유익

하나의 "다이아몬드"가 생성되려면 석탄 덩어리가 높은 열과 강한 압력을 통과해야 하고 반복되는 일련의 연마 과정과 가공 작업을 거쳐야 한다. "진주"는, 조개가 그 안에 들어온 이물질을 처리하는 과정에서 매우 고통스럽게 죽어 가는 가운데 형성된다. "강한 쇠" 역시 이글거리는 화덕 안에서 대장장이의 망치질과 담금질을 여러 차례 견뎌 내고 나서야 만들어진다. 이런 과정을 거친 성도들이 미치는 힘과 영향력은 확실히 다르다. 이런 이유로 하나님께서는 성도들에게 고난을 허락하시기도 하는데, 피터 럭크만 목사는 "고난을 겪어 보지 않은 사람보다 더 생기가 없는 사람도 없다."라고 말했다. 그리스도인의 인생은 예수 그리스도를 위하여 받는 고난으로 점철되어 있어야 "생기"가 있는 법이다. 고난 속에서 하나님의 위로를 받고, 고난을 이겨 내는 가운데 열매도 맺고 간증도 남겨 보아야 그 삶에 생동감이 넘치는 것인데, 그런 것이 없는 인생은 그야말로 황무지처럼 척박하고 냉랭한 인생이 되고 말 것이다.

■ 새롭게 깨달았거나 적용할 내용이 있다면 적어 보세요. ■

하나님을 송축해야 하는 "네 가지" 이유(3-5절)

1) "**거듭나도록**" 해 주셨기 때문이다(3절). "거듭남"(born again, 요 3:3,7, 벧전 1:23)은 "**하나님의 풍성하신 자비하심**"과 "**예수 그리스도의 부활**"과 "**하나님의 말씀**"(벧전 1:23)을 통해 이루어졌다. 2) "**산 소망**"(lively hope)을 갖게 해 주셨기 때문이다(3절). 산 소망은 참된 소망으로서 추상적이지 않은 "**실제적이고 구체적인 소망**"이다. "**하나님의 말씀에 근거하는**" 확실한 소망으로서 예수 그리스도의 재림을 기다리는 "**복된 소망**"이다(딛 2:13). 3) 하늘에 썩지 않고 더럽지 않고 쇠잔하지 않는 "**유업**"을 간직해 두셨기 때문이다(4절). 섬김에 대한 보상으로 이 "땅"에서 주어지는 "천년왕국의 유업"이 아니고, 믿음으로 구원받을 때 은혜로 주어지는 "**하늘의 유업**"으로서 "**새 하늘**"(계 21:1)과 "**새 예루살렘**"(계 21:2)을 가리킨다. 4) "**하나님의 능력으로 보호**"를 받고 있기 때문이다(5절). 마지막 때에 나타내려고 예비하신 "구원," 곧 "**몸의 구속**"(롬 8:23, 엡 1:14; 4:30)이 이루어질 때까지, 그리스도인들은 어떤 고난이 닥쳐온다 할지라도 믿음을 통해 하나님의 능력으로 보호받고 있다.

그리스도인이 받는 "고난"과 "영광"(6,7절)

1. 그리스도인이 받는 "믿음의 시련"

이러한 "고난"(시련, 시험)은 구원받은 그리스도인에게 반드시 "**필요한 요소**"이며(『**필요하다면**』, 6절), 분명한 목적과 이유가 있기 때문에 하나님께서 허락하신다.

"아무리 가벼운 고난일지라도 그 안에는 은총이 깃들어 있는 법이다. 그런데 어찌하여 우리가 그것을 하찮게 여기고 함부로 내팽개칠 수 있겠는가? 고난의 세월은 하나님께로 우리를 좀 더 가까이 데려가서 그분의 사랑을 더 깊이 느끼게 될 기회를 제공한다"(호레이셔스 보나르).

2. 그리스도인이 받는 "영광"

시험으로 인해 잠시 슬퍼할 수밖에 없어도 크게 기뻐할 수 있는 이유는 무엇인가? 믿음의 시련은 "그리스도의 심판석"(롬 14:10, 고후 5:10)에서 성도들이 받게 될 "칭찬과 존귀와 영광을 준비하는 과정"이기 때문이다(7절). 겉 사람은 썩어져도 속 사람은 날마다 새로워지기 때문이다(고후 4:16). 고난은 잠시 받는 것이지만 영광은 영원하기 때문이다(고후 4:17). 고난은 가볍지만 영광은 훨씬 뛰어난 비중을 이루어가기 때문이다(고후 4:17). 고난은 눈에 보이는 것으로서 잠깐뿐이지만, 영광은 눈에 보이지 않는 것으로서 영원하기 때문이다(고후 4:18). 고난을 통해 하나님의 능력과 위로를 경험할 수 있기 때문이다. 믿음의 결과, 혼의 구원을 받은 성도이기 때문이다(벧전 1:9).

그리스도의 고난을 통해 완성된 믿음과 구원(8-12절)

믿음의 정의(8절)란 무엇인가? 그리스도인이 "눈으로 본 적이 없는" 예수 그리스도를 사랑하고 믿을 수 있고 영광으로 가득 찬 기쁨으로 즐거워할 수 있는 이유는 "믿음" 때문인데, 이는 믿음이 **『바라는 것들에 대한 실상이요, 보이지 않는 것들에 대한 증거』**(히 11:1)이기 때문이다. 그러한 믿음을 통해 "혼의 구원"

을 받게 되는 것이 믿음의 결과(9절)이다.

믿음을 통한 구원에 대해 연구했던 구약의 선지자들(10-12절)을 살펴보자.

『이 구원에 관해서는, 너희에게 임할 은혜에 관하여 예언한 선지자들이 열심히 조사하고 살펴보던 것이며, 그들 안에 계셨던 그리스도의 영이 그리스도의 고난[초림]과 다가올 영광[재림]을 미리 증거하실 때, 그 영이 무엇을, 또 어떤 시기를 지시하시는지 탐구하던 것이니라』(벧전 1:10,11).

이 "구원"은 교회 시대에 "믿음"으로 말미암아(벧전 1:8,9) "은혜"로 값없이 받는(엡 2:8,9) 구원을 의미한다. 왜냐하면 그 대상이 『**너희에게 임할 은혜**』(10절), 곧 교회 시대의 "이방인 그리스도인들"이기 때문이다(벧전 1:1,2).

구약에서 "초림"(교회 시대의 구원)에 관하여 예언하고 있는 대표적인 본문들은 이사야 53장, 시편 22편이 있다. 구약의 선지자들은 그리스도의 "십자가의 고난"과 "다윗의 보좌에 앉으신 영광"을 동시에 보았고, 이 둘 사이에 놓인 "교회 시대"는 보지 못했다. 이것은 그들에게 신비였고, 바울을 통해 이 신비가 밝혀질 때까지는 어느 누구도 알지 못했다(엡 3:1-8). 『**그것이 성령으로 그의 거**

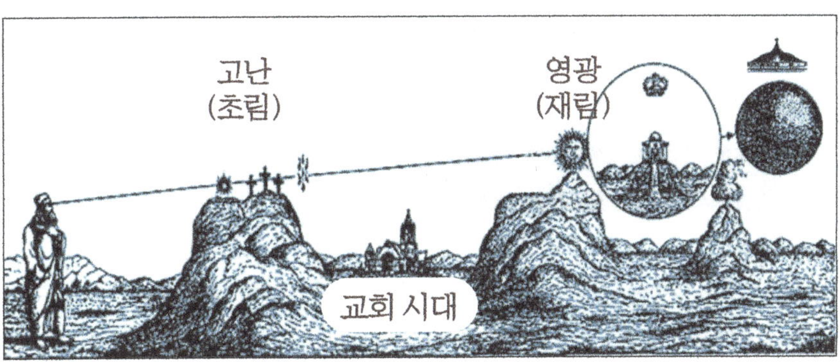

룩한 사도들과 선지자들에게 지금 계시된 것처럼 다른 시대들에서는 사람들의 아들들에게 알려지지 아니하였으니』(엡 3:5). 구약의 선지자들은 결코 그것을 이해하지 못했는데, 이는 그것이 그들 자신을 위한 것이 아니라 "우리," 곧 "교회 시대의 그리스도인들을 위한 것"이었기 때문이다(12절). **이 구원은 특히 천사들도 살펴보기를 간절히 바라는 것이었다**(12절).

성도의 합당한 자세(13-17절)

생각의 허리를 동이고 정신을 차려야 한다(13절). 예수 그리스도께서 나타나실 때 가져오실 "은혜," 곧 공중 재림과 더불어 있게 될 "휴거에 수반되는 은혜" 또는 지상 재림과 더불어 있게 될 "이스라엘의 민족적 회복과 관련된 은혜"를 끝까지 바라면서 항상 "**깨어 있어야**" 한다(마 24:42, 롬 13:11, 살전 5:2,6, 계 3:3 등). 정욕에 자신을 맞추지 말아야 한다(14절). 순종하는 자녀로서 하나님의 뜻과 말씀에 맞추고 순종하며 살아야 한다. 모든 행실에 거룩해야 한다(15,16절). 순종의 결과는 거룩함으로 나타난다. 그리스도인들인 우리가 거룩해야 하는 이유는 우리를 부르신 하나님께서 거룩하시기 때문이고, 또한 그것이 명령으로 주어졌기 때문이다(레 11:44). 이곳 나그네 시절을 두려움 속에서 지내야 한다(17절). 사람의 외모를 보지 않으시고 행위에 따라 판단하시는 하나님을 두려워해야 한다.

구속과 거듭남(18-25절)

그리스도의 피에 의해 구속된다(18-21절). "**구속**"(Redemption)은 실제로 "**값을 지불하는 것**"을 의미한다. 이것은 마치 전당포에 맡겨 놓은 저당물을 값을 치르고 다시 찾아오는 것과 같다. 죄인은 전당포에 저당 잡힌 신세인데, 예수 그리스도께서는 그분의 보배로운 피로(벧전 1:19) "값"(몸값, ransom, 마 20:28)을 "단번에"(히 9:12) 지불하시고 죄인을 찾아오신다(엡 1:7, 골 1:14). 그래서 이 용어에는 "**죄를 완전히 제거하여 온전하고 깨끗하게 한다**."(히 9:11-15,26; 10:1-4,10-14)라는 개념이 들어 있다.

"구속"은 구약의 경우처럼 조상들로부터 전통으로 이어받은바 은이나 금 같은 "썩어질 것들"을 사용하는 "속전"(redemption money, 민 3:49)을 통해 이루어지지 않고, **오직 흠도 없고 점도 없는 어린양 같으신 예수 그리스도의 "보배로운 피"로 이루어진다**.

흠도 없고 점도 없으신 예수 그리스도께서 우리를 구속하시기 위해 십자가에서 보배로운 피를 흘리기로 하신 사건은 "세상의 기초가 놓이기 전"에 미리 정해진 일이었다(20절). 말하자면 그리스도의 죽으심을 통해 태어난 "교회"는 "세상의 기초가 놓이기 전"에 이미 계획되어 있었고(엡 1,2장), 그 교회를 위한 "구속 사역" 역시 그 전에 계획된 일이었던 것이다. 그리고 역사를 주관하시고 모든 것을 미리 알고 계시는 하나님께서는 그 일을 이루시기 위해 예수님으로 하여금 "때가 되어" 이 땅에 나타나게 하셨으니(갈 4:4,5), 곧 초림 때에 나타나신 것이다(20절).

말씀을 통해 거듭난다(22-25절). "**뜨거운 형제 사랑**"(22절)은 거듭났다는 강력한 증거가 된다. 하나님의 자녀로 새롭게 태어난 그리스도인은 다른 모든 그리스도인들을 향한 사랑을 통해 자신의 "새로운 출생"을 입증하게 되는 것이다. 『**무엇보다 서로 뜨겁게 사랑하라. 이는 사랑이 허다한 죄들을 덮기 때문이니라**』(벧전 4:8, cf. 요일 3:16-18). 그리스도인이 거듭난 것은 "**썩어질 씨**"로 되지 않았다(23절). 육신의 아버지의 씨는 썩어질 씨이기에, 그 씨로 태어난 인간은 결국 풀처럼 마르고 꽃처럼 시들다가 죽게 된다(24절). 그리스도인이 거듭난 것은 "**영원히 썩지 않는 씨**"인 "**하나님의 말씀**"으로 되었다(23절). 이 씨가 영원히 썩지 않는 이유는, 씨로 비유되는 이 말씀이 영원히 거하기 때문이다(마 24:35, 막 13:31, 눅 21:33). 따라서 그렇게 영원토록 남아 있을 "주의 말씀," 곧 복음으로 전해진 이 말씀(25절)으로 구원받은 그리스도인은 항상 영원한 말씀 속에 거하면서 "영원한 것"을 추구하며 살아야 한다.

■ 새롭게 깨달았거나 적용할 내용이 있다면 적어 보세요. ■

제2과
복습문제

1. 하나님께서 거듭난 그리스도인들을 위해서 하늘에 간직해 두신 썩지 않고 더럽지 않고 쇠잔하지 않는 유업은 "천년왕국"의 유업이다. (O , X)

2. 『이 ( )에 관해서는, 너희에게 임할 은혜에 관하여 예언한 선지자들이 열심히 조사하고 살펴보던 것이며, 그들 안에 계셨던 그리스도의 영이 그리스도의 ( )과 다가올 ( )을 미리 증거하실 때, 그 영이 무엇을, 또 어떤 시기를 지시하시는지 탐구하던 것이니라』(벧전 1:10,11).

3. 구약의 선지자들은 예언을 열심히 연구하던 사람들이었기 때문에 초림과 재림 사이에 놓여 있던 "교회 시대"를 올바르게 이해할 수 있었다.
(O , X)

4. 『너희가 거듭난 것은 썩어질 씨로 된 것이 아니라 썩지 아니할 씨로 된 것이니 살아 있고 영원히 거하는 ( )으로 되었느니라』(벧전 1:23).

5. 『너희 믿음의 ( )이, 불로써 단련될지라도 없어져 버리는 금보다 훨씬 더 귀하게 되어 예수 그리스도께서 나타나실 때에 칭찬과 존귀와 ( )을 받게 하려 함이니라』(벧전 1:7).

NOTES

제3과

그리스도의 고난의 발자취를 따르라(2장)

『이를 위하여 너희가 부르심을 받았으니, 그리스도도 우리를 위하여 고난을 받으시고, 우리에게 한 본을 남겨 놓으시어, 너희로 그의 발자취를 따르게 하셨느니라』(벧전 2:21).

그리스도인은 그리스도를 따르는 사람이다

베드로전서 2장에는 갓 구원받은 성도가 버려야 할 옛 사람의 성품, 말씀을 사모해야 성장한다는 것, 예수 그리스도 안에서 새로워진 직위, 다양한 권면들, 그리스도의 본에 관해 적혀 있다. 사도 베드로는 구원받은 그리스도인들이 예수 그리스도께서 남겨 놓으신 본을 따르는 삶을 살아야 하며, 특히 고난의 본을 따르기 위해 우리가 『**부르심**』을 받았다고 말하고 있다. 그 "고난의 본"에 관하여 사도 바울은 『**이는 내가 그를 알고 그의 부활의 능력과 그의 고난의 교제를 알아 그의 죽음의 본을 따르려 함이며**』(빌 3:10)라고 말함으로써 그 본이 바로 예수 그리스도의 『**죽음의 본**』임을 알려 준다. 그리스도인이 예수 그리스도의 "고난의 본," 즉 『**죽음의 본**』을 따라 고난을 받는 목적이 무엇인가? 사도 바울은 로마서 8:17에서 그 목적을 이렇게 설명하고 있다. 『**자녀이면 또한 상속자들이니 하나님의 상속자들이요, 그리스도와 함께한 공동 상속자들이니 우리가 그와 함께 고난을 받은 것은 함께 영광도 받게 하려 함이니라.**』

■ 새롭게 깨달았거나 적용할 내용이 있다면 적어 보세요. ■

갓 구원받은 그리스도인에게 주는 지침(1-3절)

1. 버리라(1절).

『**그러므로... 버리고**』(1절). 『**그러므로**』, 베드로전서 2장의 첫 번째 구절이 "그러므로"로 시작된다는 것은 앞 장(1장)과의 유기적인 관계 속에서 이 장을 읽어야 함을 의미한다. 이 "그러므로"가 받고 있는 말씀은 앞 장 23절의 『**너희가 거듭난 것**』이라는 말씀이다. 즉 "그러므로"는 "너희가 거듭났으므로"라는 의미인 것이다. 『**버리고**』, 회개, 구원, 새로운 삶 등에서 성경의 모든 원칙은 먼저 버리는 것이다. "**버리지 않고는 얻을 수 없다**." 옛것을 버리지 않은 채 꽉 붙들고 있으면 새로운 것을 얻을 수 없고, 자기 삶을 변화시킬 수도 없다. 그리스도인은 그리스도의 사람이기에 당연히 그리스도를 따라야 한다. 그런데 성경에서는 그리스도를 따르려면 먼저 자기를 부인하라고 말씀하신다(마 16:24, 막 8:34, 눅 9:23, cf. 고전 15:31). 그리스도를 따르는 것은 자기를 버리는 것이다. 철저한 "**자기 부인**"만이 그리스도를 따르는 것에서 중도 하차하지 않게 해 준다.

버려야 할 옛 성품으로 『**모든 악의**』, 『**모든 속임수**』, 『**위선**』, 『**시기**』, 『**온갖 비방하는 말**』, 이상 다섯 가지 죄가 언급된다. 그런데 많은 죄들 중에서 유독 이 다섯 가지의 죄가 언급된 것은 이것이 다른 죄들보다 좀 더 근본적인 성품과 관련되어 있기 때문이다. 『**악의**』와 『**시기**』는 마음의 상태이며, 『**속임수**』, 『**위선**』은 악의를 실현하는 방식이고, 『**비방**』은 시기를 표출하는 방식이다. 『**속임수**』에는 "**자기기만**," 즉 자기를 속이는 것도 있다는 사실과 『**위선**』에는 "**자의적 겸손**"도 포함된다는 사실을 인식하고 "자기도 모르게 행하는 옛 성품들"을 각별히 경계해야 한다.

2. 성장하라(2절).

『**갓난 아기들로서 순수한 말씀의 젖을 사모하라. 이는 너희가 그것으로 인하여 자라게 하려 함이니라**』(2절). 『**갓난 아기**』라는 표현은 갓 구원받았거나, 구원받았으면서도 아직 성장하지 않은 상태를 의미한다. 앞 장 23절의 『**너희가 거듭난 것**』이라는 말씀을 받고 있는 『**그러므로**』라는 단어가 이 사실을 뒷받침해 준다. 그러므로 『**갓난 아기**』는 구원받지 못한 상태를 말하는 것이 아니다. 『**자라게 하려 함**』, 순수한 말씀의 젖, 즉 성경 말씀을 사모하지 않으면 성장하지 못한다. 성경에는 구원받은 사람이 성장할 수 있는 다른 방법을 제시하고 있지 않다. 오직 말씀을 통해서만 성장할 수 있는 것이다. 변개된 성경에는 "**구원에 이르도록 자라게 하려 함**"으로 되어 있어서, "구원"과 "말씀에 의한 성장"에 관한 교리를 부패시켰다.

3. 경험하라(3절).

『**그렇게 함으로**』, "순수한 말씀의 젖을 사모함으로"라는 의미로 주님을 경험하는 원칙을 제시한다. 그리스도인은 말씀을 통해 주님을 만나고, 알게 되며, 그분의 성품을 느끼게 된다.

『**주의 인자하심**』, 우리는 말씀을 통해 주님을 알게 되지만, 본문에서는 특히 말씀을 통해 우리를 자상하게 인도하시는 주님의 『**인자하심**』을 경험하게 됨을 강조한다.

『**맛보았느니라**』, 은사주의자들처럼 성경적으로 설명하지 못하는 난해한 "성령 체험"이 아니라, "말씀"을 사모함으로써, 즉 말씀을 읽고 묵상하고 공부함으로써 주님을 만나고 알고 느끼는 것을, 갓난아기가 젖을 맛보듯이 『**맛보았느니라**』라고 표현하고 있다.

구원받은 그리스도인의 지위(4-10절)

1. "산 돌"이신 예수 그리스도와 "산 돌"의 이중성(4,6-8절)

『**믿는 사람**』에게는 『**귀중한 모퉁잇돌**』이 되신다. 『**믿는 사람**』과 『**불순종하는 자들**』을 대비시킴으로써 『**믿는 사람**』이 "**순종하는 사람**"임을 알려 주고 있다. 『**불순종하는 자들**』, 즉 『**불순종함으로 말씀에 걸려 넘어지는 자들**』에게는 『**넘어지게 하는 돌**』과 『**거치는 반석**』이 되신다. "걸려 넘어지게 하는 돌"이 없으면, 순종하는 자들과 불순종하는 자들을 구분할 수 없게 된다. 그렇기 때문에 데살로니가후서 2:11,12에서는 『**이로 인하여 하나님께서 그들에게 강력한 미혹을 보내시어 거짓말을 믿게 하심은 진리를 믿지 않고 불의를 좋아하는 모든 자로 심판을 받게 하려 하심이라.**』라고 말씀하신다. 『**미혹**』을 통하여 『**진리를 믿지 않고 불의를 좋아하는 모든 자**』를 구분해 내시는 것이다.

2. "산 돌들"인 그리스도인들(5,9절)

『**산 돌들**』로서 영적인 집으로 지어지고 하나님의 집의 구성원이 된다.

『**영적 제물들을 드리는 거룩한 제사장**』이다. 영적인 제물은 『**감사**』에서 나오는 『**찬양**』, 『**선을 행함**』, 『**함께 나누는 것**』이며, 하나님께서는 이러한 영적인 제물들은 기뻐하신다(히 13:15,16).

『**선택받은 세대**』, 『**왕 같은 제사장**』, 『**거룩한 민족**』, 『**독특한 백성**』이다. 『**선택받은 세대**』, 어떤 사람이 예수님을 구주로 믿고 선택했을 때, 하나님께서는 그 사람을 자녀로 선택하신다(갈 4:4-7, 엡 1:4,5). 이렇게 선택받은 사람들이 바로 『**선택받은 세대**』인 것이다. 『**왕 같은 제사장**』, 사도 베드로는 5절에서 이

미 구원받은 그리스도인들이 모두 『**영적인 제물들을 드리는 거룩한 제사장**』임을 밝혔다. 그런데 우리는 왕이신 예수 그리스도와 함께하는 공동상속자로서 공동의 통치자이기도 하다. 그러므로 『**왕 같은 제사장**』이라는 말씀은 우리가 왕 같은 통치자의 신분과 제사장의 신분을 동시에 갖고 있는 사람들임을 보여 주는 것이다. 『**거룩한 민족**』, 『**거룩한**』이라는 말씀은 그것이 "하나님의 소유"라는 뜻이다. 거룩한 민족은 거룩하지 못한 세상 민족들로부터 하나님의 소유로 분리해 낸 민족임을 의미한다. 그 무엇도 하나님의 소유를 변경시킬 수 없다. 『**독특한 백성**』, 『**전에는 백성이 아니었으나 이제는 하나님의 백성**』이다(10절). 하나님의 백성이 되는 순간 그는 독특한 백성이다. 그는 독특하게도 영원한 생명을 가졌고(롬 6:23), 하늘나라의 시민권을 가졌으며(빌 3:20), 썩지 않을 몸을 입게 될 것이고(고전 15:52), 천년왕국에서 주님과 함께 통치할 뿐만 아니라(계 20:6), 백보좌 심판에서 주님과 함께 심판하게 된다(고전 6:3). 그렇지 못한 사람들과 비교할 때, 이 얼마나 "독특한 백성"인가? 이것은 모두 하나님의 "자비"의 결과이다(10절).

〈베드로전서 2:9 vs. 출애굽기 19:5,6〉	
베드로전서 2:9	출애굽기 19:5,6
선택받은 세대	-
왕 같은 제사장	제사장들의 왕국
거룩한 민족	거룩한 민족
독특한 백성	독특한 보물

구원받은 그리스도인들에게 이러한 지위를 허락하신 목적은 『**어두움에서 불러내어 그의 놀라운 빛으로 들어가게 하신 분의 덕을... 선포하게 하려는 것**』(9절)에 있다.

여러 가지 권면들(11-20절)

1. 육신의 정욕을 멀리하라(11,12절).

육신의 정욕을 멀리해야 행실을 바르게 할 수 있다. 육신의 정욕은 구원받은 사람의 혼이 하나님을 기쁘시게 하는 일을 하려 할 때 그 일을 방해한다(갈 5:17). "버리지 않으면 얻을 수 없다"는 원칙에 따라, 육신의 정욕을 멀리하지 않으면 행실이 바르게 될 수 없다. 야고보서 3:11에서는 『**샘이 같은 곳에서 단 물과 쓴물을 낼 수 있느냐?**』라고 물으신다.

행실을 바르게 해야 하는 이유는 『**그들이 너희에게 악을 행하는 자라고 말하다가도 너희의 선한 일들을 보고 감찰하시는 그날에 그들로 하나님께 영광을 돌리게**』(12절) 해야 하기 때문이다. 마태복음 5:16에서도 『**그러므로 너희의 빛이 사람들 앞에 비치게 하여 그들로 너희의 선행을 보게 하고, 또 하늘에 계신 너희 아버지께 영광을 돌리게 하라.**』라고 말씀하신다. 여기에서 『**감찰하시는 그날**』은 하나님께서 그들에게 "찾아오시는 날"을 말하며, 초림이나 재림 때처럼 죄의 문제를 해결하시거나 처리하시기 위해 오시는 날을 의미하는데, 여기서는 죄의 문제를 해결하시기 위해 "<u>각 개인에게 개별적으로 찾아오시는 날</u>"을 의미한다.

2. 법령에 복종하라(13-15절).

왕과 관리들에게 복종하라. <u>왕</u>은 법령을 제정하고 그 법령에 복종케 할 권세를 가진 존재이다. <u>관리</u>는 『**악을 행하는 자들을 벌하고, 선을 행하는 자들을 칭찬하라고**』 왕이 보낸 사람이다. 법령에 복종하는 목적은 『**<u>선을 행함</u>으로 어리석은 자들의 무지를 잠잠케 하려는 것**』이다. 주님을 위하여 법령에 복종해야 한다(13절). 이것은 『**하나님의 뜻**』이다. 베드로전서에는 『**하나님의 뜻**』이라는 말이 4회 나오는데(2:15; 3:17; 4:2,19), 베드로전서에 나오는 『**하나님의 뜻**』은 "**정욕을 멀리하는 것**"(1회)과 "**선을 행하는 것**"(3회)이다.

3. 자유를 하나님의 일에 사용하라(16절).

구원받은 그리스도인은 모두 자유인이다. 그러므로 자유롭게 행할 권리가 있고 그 누구도 이 권리를 침해하지 못한다. 그러나 그 자유를 악의 구실로 사용하지 말라고 말씀하신다. 그 자유는 『**하나님의 종들**』로서 사용해야 한다. 일반적으로 자유는 시간과 관련이 있다. 자신에게 자유롭게 쓸 수 있는 시간이 주어졌을 때, 그 시간을 하나님의 일에 쓰는 사람이 하나님의 종이다. 원래 종은 자기의 시간이 없기 때문이다.

4. 모든 사람을 존경하고 형제를 사랑하며, 하나님을 두려워하고 왕을 존경하라(17절).

하나님을 두려워하고 형제를 사랑하며 사람들을 존중하는 것은 성경의 일관된 명령이다. 바울도 『**무슨 일을 하든지 마음을 다하여 주께 하듯 하고 사람에게 하듯 하지 말라.**』(골 3:23)라고 권면했다. 일은 사람들과 관련되어 있다. 일을 주님께 하듯 한다는 것은 관련된 사람들을 주님을 대하듯 대한다는 것이고, 이것이 바로 하나님을 두려워하고 형제를 사랑하며 사람들을 존중하는 자세이다.

5. 주인에게 복종하라(18절).

하나님을 두려워하듯이 주인에게도 『**모든 두려움으로**』 복종하라고 말씀하신다. 사도 바울도 『**종들아, 육신에 따른 주인들에게 두려움과 떨림으로 복종하되 순전한 마음으로 그리스도께 하듯 하고**』(엡 6:5)라고 말했다. 우리가 『**까다로운**』 고용주나 직장 상사의 "까다로움"에도 불구하고 『**복종**』하면, 주님께서 그 『**까다로운**』 환경을 통해 이루시려고 의도하셨던 바가 온전히 이루어진다.

6. 고난을 참으라(19-20절).

고난을 참는 이유는 그것이 『**감사할 일**』이기 때문이다. "억울하게 고난을 받는 것"(19절)을 『**감사할 일**』이라고 말씀하시면서, 20절에서는 그것이 "**선을 행하다가 고난을 받는 것**"이라고 바꾸어 표현하신다. 문맥상 까다로운 주인에게 복종하는 것을 억울하게 고난받는 것과 연결해서 생각할 수도 있으나, "선을 행하다가 고난을 받는 것"으로 폭넓게 적용하여 이해하는 것이 전체적인 흐름에 더 부합된다. "고난을 참는 것"을 "슬픔을 참는 것"으로 표현하신다. 고난이 오면 우리 마음이 『**슬픔**』으로 가득 차게 된다는 사실을 하나님께서는 알고 계신다. 이 사실을 기억하면 그것만으로도 큰 위로를 받을 수 있다.

우리가 고난에 감사하는 이유는 『**하나님께서 기뻐하실 만한 것**』으로서 나중에 보상이 있기 때문이다. 슬픔을 참으면 기쁨이 오기 마련이다. 『**눈물로 씨를 뿌리는 자들은 기쁨으로 거두리로다**』(시 126:5).

그리스도의 본(21-25절)

그리스도인은 『**고난**』을 위하여 부르심을 받았다. 『**이를 위하여 너희가 부르심을 받았으니**』(21절). 그러나 주님께서는 대책 없이 고난을 겪게 하시는 분이 아니다. 주님께서는 우리의 고난을 위하여 『**한 본**』을 남기셔서 『**그의 발자취를**

따르게』 하셨다. 그 『**고난**』의 목적은 서론에서 강조했듯 『**함께 영광도 받게 하려**』 하는 데 있다(롬 8:17).

베드로전서에 사용된 "고난"과 연관된 용어들	
❶ 고통	신체적, 정신적으로 "아픔"을 느끼는 것을 의미한다(2:23). ➡ "고난"과 유사한 의미로도 사용된다.
❷ 고난	"고통"을 수반하는 "어려움"을 겪는 것을 의미한다. ➡ 15회 사용된다(1:11; 2:19,20,21; 3:14,17,18; 4:1,13,15,16,19; 5:1,9,10).
❸ 시험	믿음, 인내심, 의지, 능력 등을 판단하는 것을 의미한다(1:6). ➡ "시련"과 유사한 의미로도 사용된다.
❹ 시련	"시험"을 통해 "연단"을 받는 것을 의미한다(1:7; 4:12). ➡ "고난"과 유사한 의미로도 사용된다.

1. "의탁"

예수 그리스도께서는 고난 앞에서 육신적인 방법을 선택하지 않으시고, 오직 의롭게 심판하시는 분께 자신을 의탁하셨다(22,23절). 죄를 짓지 아니하시고, 그 입에 간사함이 없으셨다. 모욕을 당하셨으나, 다시 모욕으로 갚지 않으셨다. 고통을 당하셨으나, 위협하지 않으셨다.

2. "담당"

예수 그리스도께서는 친히 나무에 달린 자신의 몸으로 우리의 죄들을 담당하셨다(24,25절). 주님께서 우리의 죄들을 담당하신 목적은 우리가 죄들에는 죽고 의에는 살게 하려 하심이며, 주님께서 채찍에 맞으심으로써 우리를 낫게 하시려는 것이다. 그 결과 우리가 낫게 되었다. 이는 우리가 『**혼들의 목자와 감독**』에게로 돌아왔기 때문이다.

제3과
복습문제

1. 『갓난 아기들로서 순수한 (   )의 젖을 사모하라. 이는 너희가 그것으로 인하여 자라게 하려 함이니라』(벧전 2:2).

2. 『그러나 너희는 (   ) 세대요 (   ) 제사장이며, (   ) 민족이요, (   ) 백성이니, 이는 너희를 어두움에서 불러내어 그의 놀라운 빛으로 들어가게 하신 분의 덕을 너희로 선포하게 하려는 것이니라』(벧전 2:9).

3. 『이는 하나님의 뜻이 그러함이니, 너희가 (   )으로 어리석은 사람들의 무지를 잠잠케 하려는 것이니라』(벧전 2:15).

4. 『자유롭게 행하되 너희의 자유를 악의 구실로 사용하지 말고 (   )들로서 사용하라』(벧전 2:16).

5. 『이를 위하여 너희가 (   )을 받았으니, 그리스도도 우리를 위하여 (   )을 받으시고, 우리에게 한 본을 남겨 놓으시어, 너희로 그의 발자취를 따르게 하셨느니라』(벧전 2:21).

■ 새롭게 깨달았거나 적용할 내용이 있다면 적어 보세요. ■

NOTES

제4과
그리스도인 아내와 남편의 행실(3장)

『이와 같이 너희 남편들아, 아내들을 더 연약한 그릇으로서 또 생명의 은혜를 함께 상속받을 자로서 귀히 여기되, 지식을 따라 그들과 동거하라. 이는 너희의 기도가 막히지 않게 하려 함이니라』(벧전 3:7).

하나님께서 세우신 기구

하나님께서 지상에 세우신 기구는 가정, 교회, 국가이다. 이 가운데 가정은 하나님께서 가장 먼저 세우신 것으로 교회와 국가를 구성하는 기초가 된다. 특히 신약 지역 교회는 성경적인 그리스도인 가정이 신실하게 참여하고 섬김으로써 하나님의 사역을 강성하게 수행할 수 있기 때문에 가정과 교회의 관계는 매우 긴밀하고 중요하다. 따라서 하나님께서는 교회는 물론 가정에 지대한 관심을 가지고 계신다. 그렇기에 마귀가 일차적으로 노리는 것도 역시 그리스도인의 가정이다. 누구나 행복한 가정, 아름다운 가정을 이루기 원하지만 그것은 자동으로 주어지지 않는다. 하나님께서 정하신 권위와 역할에 대해 올바른 지식을 갖추고 실행하고자 적극적으로 노력할 때 성경이 제시하는 아름다운 가정, 하나님께서 사용하시고 영광을 받으시는 가정이 될 수 있는 것이다.

그리스도인 아내들을 향한 권면(1-6절)

1. 남편에게 복종하라(골 3:18, 고전 11:3,8,9, 엡 5:22,23).

아내가 남편에게 복종하는 것은 남편보다 모든 점에서 열등하거나 신체적으로 힘이 약하기 때문이 아니다. 여자가 남자보다 훨씬 더 똑똑하고 심지어 힘이 센 경우도 얼마든지 있다. 그런데도 아내가 남편에게 복종해야 하는 것은 그것이 하나님께서 정하신 질서이기 때문이다.

2. 사라의 본

하나님께서는 "하나님의 뜻에서 벗어나 잘못된 길에 서 있는 남자"를 하나님의 뜻에 따라 남편에게 복종하는 아내의 말 없는 행실을 통해 바로잡기를 원하신다.

아브라함은 자신의 목숨을 부지하기 위해 두 번씩이나 아내에게 순결을 희생하라고 요구했다(창 12,20). 사라는 이 황당하고 부당한 요구에 대해 두 번 다 **말 없이** 복종했다. 이는 사라가 남편의 요구로 인해 어떤 문제가 발생하거나 어떤 위기에 직면하더라도 하나님께서 반드시 개입하시리라는 것을 알았고 또 믿었기 때문이다. **하나님을 두려워하고 신뢰했기 때문에 남편의 요구에 복종했던 것이다**. 하나님께서는 사라를 보호하셨다(시 55:22, 사 26:3, 빌 4:6,7). 아브라함은 자신의 부당한 요구에 순종했던 사라 앞에서 파라오에게 호된 책망을 받았고, 이후 이집트를 떠나 처음 장막을 쳤던 곳으로 되돌아와 하나님께 제단을 쌓고 주의 이름을 불렀다(창 13:4). 사라의 말 없는 행실을 통하여 하나님께서 아브라함을 얻으신 것이다. **사라는 남편을 "주"라 부르며 복종했다**. 이처럼 "자기 남편에게 순종"했던 "예전"의 "거룩한 여인들"은 다름 아닌 "하나님을 신뢰했던" 여인들이었다.

3. 남편에 대한 아내의 복종은 하나님을 두려워하고 의탁하는 것에서 나온다.

하나님의 말씀을 신뢰하는 아내는 남편으로 인하여 어떠한 어려운 처지에 놓이더라도 절대 허물어지지 않는다. 하나님을 두려워하지도 않고 의탁하지도 않은 채 "직접 나서서" 문제를 해결하려고 시도하는 것은 필연적으로 남편에 대한 불복종으로 이어진다. 또한 이것은 하나님의 명령에 대한 불복종일 뿐만 아니라 적극적인 하나님의 개입을 막는 결과를 가져온다.

4. 온유하고 고요한 영으로 단장하라(3,4절).

"존귀가 옷이 되면 그것은 평생 지속되지만, 옷이 자신의 존귀가 되면 달이 지나면서 헤어진다." 성령으로 충만한 아름답고 순수한 내면의 영적 상태는 말, 행동, 표정, 옷차림, 일들에 대한 반응으로 드러나며, 주위 사람들에게 직접적이고 강력한 영향력을 미치게 된다. 하나님께서는 그것을 "매우 값진 것"으로 평가하신다. 온유하고 고요한 영을 가진 사람은 쉽게 속상해하지 않고, 외부의 영향에 의해 마음이 쉽게 흔들리지 않으며, 자신의 입을 스스로 다스릴 줄 아는 사람이다. 아내들은 마음에 들이닥친 불안, 불만, 불신 등을 입으로 쏟아 냄으로써 남편의 뼈를 썩게 만들 수 있고, 혼란과 분열을 일으킬 수 있으며, 심지어 하나님의 인도하심으로부터 남편을 떼어 내어 하나님을 대적하는 자리에 세울 수도 있다(잠 21:9; 25:24; 31:26).

5. 이브는 금지된 열매를 먹기 전에 벌써 하나님의 말씀을 두 번이나 자신의 마음대로 인용했다. 자신의 입으로 죄를 들여온 것이다(창 3:2-4).

사라는 자식 문제로 아브라함을 꾀어서 그의 실수가 2,800년간의 죄의 열매를 맺게 했다(창 16:1-4). 미갈은 다윗이 하나님을 찬양하자 뼈에 사무치는 나쁜 말을 했다(삼하 6:16-20). 이세벨은 자신의 수다스러운 입으로 남편을 충동질해서 살인을 저질렀다(왕상 21장). 라헬의 불평은 야곱의 인생을 비참하게 만들었다(창 30:1). 1,000명의 아내가 해 대는 불평, 소문, 제안, 비방, 비판, 꿈, 잡담 등은 솔로몬을 적그리스도의 예표로 전락시켜 버렸다. 하나님께서 인정하시는 현숙한 여인은 항상 지혜롭게 입을 열고, 그 혀에는 친절의 법이 있다(잠 31:26).

6. 남편의 권위를 세우라.

남편을 위해 적극적으로 기도해야 한다. 남편이 하나님을 적극적으로 섬길 수 있도록 돕고, 남편의 면류관이 되어야 한다(잠 12:4).

그리스도인 남편들을 향한 권면(7-9절)

1. 아내는 더 연약한 그릇이다.

신체적으로 더 연약할 뿐 아니라 정서적으로도 외부 환경의 변화에 따라 변덕이 심하기 때문에, 영적인 부분에 있어서 마귀의 공격에 대해 더 취약하다. 어떤 망상이나 그릇된 관념 그리고 마귀의 계략에 걸려들기 쉬운 것이다. 남편은 성경을 통해 이런 연약함에 대해 인식하고 있어야 하고, 자신의 아내가 특히 연약한 부분들이 어떤 것인지 알아야 한다. 또한 아내가 갖는 기능과 역할 그리고 가정에서 실제로 해 내고 있는 일들에 대해 올바로 이해하고 있어야 한다.

2. 하나님과 아내에 대한 사랑

<u>남편은 무엇보다 하나님을 위해 죽을 수 있을 만큼 그분을 사랑해야 한다</u>(계 2:10). 그리고 자기 아내를 위해 죽을 수 있을 만큼 아내를 사랑해야 한다(엡 5:25,28, 골 3:19).

3. 가정의 머리

주 예수 그리스도께서 교회의 머리이신 것처럼 남편은 한 가정의 머리이며 가정의 중심이다. 그러므로 머리의 역할을 포기하거나 아내에게 그 자리를 내주지 말아야 한다.

4. 말씀으로 양육

남편은 한 가정의 사역자이다. 아내와 자녀들에게 말씀을 가르치고 양육하여서, 그들로 하여금 그 누구보다도 하나님을 더 사랑하게 하고 섬길 수 있도록 세워 주어야 한다. 이 일을 잘 감당하기 위해 먼저 "지식"을 구비해야 하고, 항상 "기도"로 "도우심"을 구할 수 있어야 한다.

5. 기도

아내를 위해 적극적으로 기도하고, 그녀가 하나님과 개인적이고 깊은 교제를 하면서 영적으로 성장할 수 있도록 도와야 한다. 수레바퀴의 크기가 양쪽이 서로 다르면 제자리에서 맴돌게 된다는 것을 기억하라. 부부가 함께 지속적으로 영적 성장을 이루어 가야 한다.

장수하는 방법(10,11절)

생명을 사랑하고 좋은 날들을 본다는 것은 단순히 목숨만을 연명해 가는 것을 말하지 않는다. 그리스도인으로서 하나님께서 자신에게 부여하신 삶을 사랑하고, 인생 여정에서 하나님의 자비하심으로 베풀어지는 그분의 모든 은혜로운 복들을 누리는 것이다.

그리스도인은 자기 혀를 악으로부터 지키고, 자기 입술로 어떠한 교활도 말하지 않으며, 악에서 떠나 선을 행하고 화평을 추구해야 한다(10,11절). 부모에게 효도해야 한다(엡 6:1-3, 출 20:12). 주를 두려워해야 한다(잠 10:27). 지혜와 명철을 얻는 사람이 장수와 부귀와 명예를 누린다(잠 3:13-18). 탐욕을 멀리해야 한다(잠 28:16).

하나님을 두려워하는 그리스도인의 태도(12-17절)

선한 것을 따른다(13,16절). 의를 위하여 고난 받는 것을 기꺼이 감내한다(14절). 의를 위하여 선한 것을 따르는 사람들이 고난을 당하는 일은 이 세상에서 빈번하게 일어난다. 그럼에도 불구하고 하나님의 말씀에 따라 모든 일에 있어서 선을 따르고 의를 위하여 행동하면 하나님의 보호를 받게 된다. 설령 고난을 당한다 하더라도 그 고난에 대해 반드시 영원한 것으로 보상해 주실 것이기 때문에, 성경은 그러한 고난이 "복"이라고 말씀한다.

마음속에서 하나님을 거룩하게 여기고 소망에 관한 이유를 묻는 사람에게 답변할 것을 온유와 두려움으로 항상 예비하고 있다(15절). 하나님을 거룩하게 여기는 사람은 자신을 정결케 한다(고전 6:19). 그리고 누구에게나 예수 그리스도를 증거할 수 있도록 준비하고 있다.

선한 양심을 가지고 있다(16절). 구원받은 그리스도인이 갖고 있는 선한 양심은 "담대하게 진리를 따르는 것"이다(빌 1:20). 하나님께서는 이러한 성도들에게서 한시도 눈을 떼지 않으시며, 그들의 기도를 항상 들으시고 선하게 응답해 주신다.

그리스도인들의 행위의 근거인 피의 구속(18-22절)

그리스도인이 선을 따라 의를 행하는 그 행위의 근거는 예수 그리스도께서 그분의 보혈을 통하여 우리의 불의에 대한 대가를 모두 치러 주신 것에 있다. 하나님께서는 그 일을 통해 우리를 주님께로 인도하기를 원하셨고, 우리 각자가 더 이상 자신을 위해 살지 않고 그분을 위해 살기를 원하신다(18절, 고후 5:15).

부활하신 주님께서는 노아 시대에 자신의 처음 지위를 지키지 아니하고 자신들의 처소를 떠난 천사들이 갇혀 있는 감옥에 가서 전파하셨다(19,20절, 고전 6:3). 노아의 날에 구원받지 못한 사람들과 그들의 모든 죄들이 물속에 잠겼고, 물 위에 떠 있던 노아는 모든 죄들을 벗어 버리고 세상을 덮은 물속에 그 죄들을 묻어 버릴 수 있었다. 모든 죄를 덮었던 물은 예수 그리스도께서 모든 죄와 함께 죽으시고 장사 지낸 바 되셨던 것의 모형이요, 장사 지낸 바 되셨다가 사흘 만에 죽은 자들로부터 다시 일으켜지셨던 부활의 모형이다. 이것을 구원받은 그리스도인에게 적용해서 실행하는 모형이 바로 "침례"이다. **『이제 우리를 구원하는 모형이니, 곧 침례라』**(21절).

그리스도께서는 죽은 자들로부터 부활하심으로써 사망의 권세를 지녔던 마귀를 완전히 패망시키셨다. 그리하여 영적 세계의 모든 천사와 권세들과 능력들이 주 예수 그리스도께 굴복하게 되었다. 이후로는 그분께서 다시 오셔서 죄로 물든 이 땅을 멸하시고 이 세상을 지배하는 악한 마귀의 세력들을 완전히 제압하신 후 그분의 왕국을 세우시게 될 것이다(22절, 빌 2:8-11, 고전 15:24).

■ 새롭게 깨달았거나 적용할 내용이 있다면 적어 보세요. ■

제4과
복습문제

1. 하나님께서 가정 안에 세우신 질서는, 남편이 그 가정의 머리라는 것이고 아내는 그 남편에게 (   )해야 한다는 것이다.
2. 아내가 남편에게 복종해야 하는 이유는 남편이 두려워서라기보다는 하나님을 두려워하는 가운데 복종하라고 명령하신 말씀에 순종하는 것에서 비롯된다. 부당하게 여겨지는 남편의 요구라 할지라도 복종해야 하는 동기는 그 아내의 말없는 순종을 통해 남편을 바로잡기 원하시는 하나님께서 적극적으로 개입하실 것을 아는 믿음에서 기인한다. (O , X)
3. 남편은 무엇보다도 하나님을 위해 죽을 수 있을 만큼 그분을 (   )해야 한다(계 2:10). 그리고 자기 아내를 위해 죽을 수 있을 만큼 (   )해야 한다(엡 5:25,28, 골 3:19).
4. 남편은 한 가정의 가장으로서 돈을 벌어 가족들의 생계를 부양하고 물질적인 필요들을 적극적으로 채워 주기만 해도 의무를 다하는 것이 된다. (O , X)
5. 남편은 아내를 위해서 아내는 남편을 위해서 적극적으로 (   )해야 한다. 아울러 하나님께서 정해 주신 남편으로서의 역할과 아내로서의 역할을 서로가 잘 감당할 수 있도록 도와야 한다.
6. 그리스도인이 선을 따르고 의를 위하여 행동하다가 당하게 되는 고난을 성경은 "복"이라고 말씀하시는데, 그 이유는 고난을 당하더라도 옳은 길에서 벗어나려고 하지 않는 성도를 하나님께서 보호하시기 때문이고, 또한 고난에 대해 반드시 영원한 것으로 보상해 주실 것이기 때문이다. (O , X)
7. 물 침례에 순종하는 것은 구원에 있어서 필수 요건이다. (O , X)

NOTES

제5과

성도가 고난을 통과하는 자세(4장)

『그러므로 하나님의 뜻에 따라 고난을 받는 사람들은 선을 행하면서, 신실하신 창조주께 그들의 혼을 지키시도록 맡길지어다』(벧전 4:19).

고난

고난이 닥치면 우왕좌왕하기 마련이다. "어째서 나에게 이런 일이..."를 수없이 되뇌면서 하나님을 원망하기 쉽다. 주님께서는 왜 그 일이 우리에게 일어났는지 알려 주시기도 하지만 그렇게 하지 않으실 수도 있다. "왜"라는 말은 중요하지 않다. 중요한 것은 "그것에 어떻게 반응하는가"이다. 모든 것을 다 이해하거나 설명할 수도 없다. 주님께서 그렇게 하실 때는 다 그만한 이유가 있는 것이다. 우리가 해야 할 일은 오직 그리스도께 밀착하는 것이다.

고난이 그리스도인에게 주는 유익(1-6절)

"병들어 눕게 되면 한쪽으로 밀려나 하나님과만 달랑 혼자 남게 된다. 지금까지 나를 버텨 주던 모든 것들은 떠나 버리고, 이제는 별수 없이 하나님 한 분께만 의지하고 사는 법을 터득하게 된다. 고난에 처하지 않고는 이런 은혜를 누릴 기회가 별로 없다." - 호레이셔스 보나르

회심하여 그리스도인이 되는 순간 우리는 마귀와 "적대 관계"에 놓이게 된다. 마귀는 치밀한 전략을 세워 다양한 방법과 통로를 통해 공격해 온다. 고난을

주는 것이다. 고난을 자연스럽게 여기고 그것을 맞이할 각오를 단단히 해야 한다. 그렇지 않으면 고난을 견디지 못하고 끝내 적에게 무릎 꿇게 될 것이다(1절, 딤후 2:3; 3:12).

고난은 죄를 단절하게 해 준다. 그리스도인은 고난과 역경을 통과하는 동안 그 어느 때보다도 정결하게 되며 하나님의 뜻을 따라 살려고 하는 욕구가 샘솟게 된다.

그리스도인의 타락은 대개 번영에서 시작된다. 물질적인 필요가 부족함 없이 충족될 수 있는 환경에 놓이게 되면, 자연스레 하나님을 찾는 일이 그만큼 뜸해지게 된다. 이것은 사람이면 누구나 갖고 있는 공통된 속성이다. 그리하여 하나님의 도우심 없이도 자기 힘으로 무엇이든 해결할 수 있다는 생각이 마음속에 자리 잡게 되면 필시 하나님과 멀어지기 시작한다.

죄는 한 번으로 족하다. 죄는 이미 지나간 과거의 일로 끝내야 하며 두 번 다시 반복할 것이 못 된다. 그리스도인은 그리스도께로부터 태어난 "새 사람"이기에 죄를 짓는 일은 과거에 행했던 것만으로도 충분하다. 음란, 정욕, 술 취함, 방탕, 연락, 혐오스러운 우상 숭배는 마귀가 마련한 "잔치 자리"이며, 마귀가 공급하는 범죄의 영들로 재충전되어 더 큰 범죄를 도모하게 만드는 자리이다. 진정한 그리스도인이라면 온갖 죄로 물들어 있던 과거를 그리워할 사람이 아무도 없을 것이다.

"나도 교회에 다니는 사람이오," "나도 집사요," "나도 목사요." 하면서 구원받은 사람으로 자처하는 사람들 중에는 다른 그리스도인들을 향해 "포도주 한 잔," "시원한 맥주 한 잔" 등을 외치며 구원받기 전에 했던 육신적인 일들에 동조하라고 요구하는 자들이 있다. 이들은 상대방이 그들의 요구를 거절하면 비방한다. 그들은 그리스도의 심판석에서 그 일에 대해 해명해야 할 것이고, 또한 엄청난 손해를 보게 될 것이다. 그들의 비방이 두려워서 그 요구에 휩쓸린 사람 역시 똑같은 결과를 맞게 될 것이다.

예수 그리스도께서는 십자가에 처형되신 후 부활하시기 전 사흘 동안 지하 세계에 다녀오셨다(엡 4:8-10). 먼저 지옥에 가셔서 우리의 죄들을 그곳에 모두 쏟아 놓으셨고(벧전 2:24, 히 9:28), 이후 "아브라함의 품"으로 가셔서 그곳에 있는 구약 성도들에게 "복음"을 전파하셨으며, 또한 그곳에 사로잡혀 있던 성도들을 하늘로 사로잡아 가셨다.

하나님의 능력이 더 드러나게 하라(7-11절)

1. 마지막 날들은 배교가 만연하여 혼탁해진 세상이고 경건의 모양만 남아 있는 때이다.

그렇기에 정신을 차리고 깨어 기도해야 한다. 성도들을 무너트리기 위해 다양한 고난을 가져오고 미혹하면서 달려드는 마귀의 공격에 굳건히 맞설 수 있도록 기도해야 하고, 복음을 전파할 수 있는 기회를 위해 기도해야 하며, 형제자매들을 위해 기도해야 한다.

2. 서로 뜨겁게 사랑해야 한다.

이는 형제를 향한 뜨거운 사랑이 선한 동기에서 형제의 허다한 죄들을 덮어주기 때문이다.

죄는 죄를 지은 사람과 하나님 사이에서 해결되어야 하는 문제이다. 죄는 어떤 형태로든 당사자가 대가를 반드시 치르게 되어 있다. 그렇기에 구태여 들춰낼 필요가 없고 오직 하나님께 맡겨 두어야 한다. 주님께서는 우리의 죄들을 덮어 주시는 정도가 아니라 아예 깨끗이 씻어 주신다. 죄들을 자백할 때 그리스도께서 갈보리에서 흘려 놓으신 피가 죄들을 깨끗하게 씻어 주는 것이다. 우리는 시시각각 짓는 죄들을 자백하고 씻음으로써 하나님과의 온전한 관계를 유지할 수 있고 형제들 간의 교제도 유지할 수 있게 된다.

3. 그리스도인은 돈을 맡은 사람들이 아니라 "하나님의 다양한 은혜"를 맡은 청지기이다.

청지기에게는 먼저 "**하나님의 신비들**"이 맡겨졌다(고전 4:1,2). 하나님의 신비들에는 "경건의 신비"(딤전 3:16), "성도들 안에 내주하시는 예수 그리스도의 신비"(골 1:27), "그리스도와 교회가 한 몸을 이루는 위대한 신비"(엡 5:30-32), "이스라엘의 신비"(롬 11:25), "휴거의 신비"(고전 15:51), "불법의 신비"(살후 2:7), "큰 바빌론, 곧 땅의 창녀들과 가증한 것들의 어미와 관련된 신비"(계 17:5)가 있다. **청지기에게 이러한 신비들을 맡기신 목적은 다름 아닌 "섬김"(양들을 가르쳐서 세우는 일)에 있다**.

4. 교회의 다양한 일들에 있어서 섬길 수 있도록 세워 주신 것은 하나님께서 주신 은혜이며, 그것을 맡은 청지기에게는 그 은혜들을 잘 활용해야 할 책임이 있다.

"말하는 은혜"를 맡았을 경우 성경을 통해 하신 말씀에 따라 말하고 글을 써야 한다. 맡은 은혜를 잘 사용하는 청지기가 되려면, 무슨 일이 맡겨졌든지 간에 자신의 능력을 의존하지 말고 전능하신 하나님께 지혜와 능력을 간구해야 하며, 또한 그것을 통해 신실하게 섬겨야 한다(딛 1:7-9). 청지기의 목표는 그 섬김을 통해 『**모든 일에 예수 그리스도로 말미암아 하나님께서 영광을 받으시게**』(11절) 하는 것에 있다.

그리스도인에게 닥치는 불같은 시련(12-19절)

"불같은 시련"은 견뎌 내기가 여간 어려운 것이 아니다. 그러나 그것은 "그리스도의 고난에 참여하는 것"이고, 그것을 허락하시는 궁극적인 목적은 "연단"에 있다. 순수한 믿음을 지키는 가운데 불같은 시련을 통과한 성도는 주 예수 그리스도께서 영광 중에 다시 오실 때 큰 기쁨으로 즐거워하게 된다. 그래서 베드로는 불같은 시련이 닥칠 때 "이상하게 여기지 말고 도리어 즐거워하라."라고 훈계하고 있다.

세상의 육신적인 일들(살인, 도둑, 악행, 다른 사람들의 일에 간섭하는 일)로 인해 고난을 당한다면 그것은 수치일 뿐이며 주님께서도 얼굴을 붉히실 것이다. 그러나 주님의 이름을 높이기 위하여 욕을 당한다면 복이 있는 일이다. 왜냐하면 "하나님의 영께서 그 성도 위에서 안식하고 계시기 때문"이다. 우리는 그리스도께서 친히 흘리신 피로 값을 치르고 사신 바 된 사람들이다. 우리는 이제 우리 자신의 것이 아니며 주님의 것이다. 그러므로 그분을 영화롭게 해 드리는 것이 우리가 해야 할 일이며, 심지어 우리를 통해 영광을 받으시는 주님께서는 우리를 영광스럽게 해 주신다(고전 6:20, 요 13:32).

예수 그리스도의 재림이 가까이 다가오고 있다. 교회 시대에 구원받은 그리스도인들은 환란 시대 전에 휴거되어 "그리스도의 심판석"에 나아가 자신의 행위들에 대해 주님께 일일이 해명하게 될 것이다. 이처럼 그리스도인들도 심판석에 나아가야 하기에, 복음에 순종하지 않는 구원받지 못한 죄인들은 당연히 영원한 지옥을 피할 수 없게 된다.

그리스도인들이 그리스도의 이름을 위하여 욕을 당하고 하나님께서 영광을 받으시도록 하기 위해 당하는 고난은 그들을 연단시키려는 하나님의 뜻에 따라 받는 고난이다. 이런 고난을 당할 때 이것을 이상하게 여기거나 부끄러워하지 말고 오직 선을 행하면서 하나님께 자신의 혼을 맡겨 드려야 한다. “창조주” 이시며 “신실하신 분”께서 우리의 구원을 보증하시고 대단한 기쁨과 함께 영광을 가져다주실 것이기 때문이다.

■ 새롭게 깨달았거나 적용할 내용이 있다면 적어 보세요. ■

제5과 복습문제

1. 고난이 그리스도인에게 가져오는 유익은 고난을 통해서 (　　　　　)로부터 단절을 가져 온다는 것이다. 고난과 역경을 통과하는 동안 그 어느 때보다도 정결케 되며 하나님의 뜻을 따라 살려고 하는 욕구가 샘솟게 된다.

2. 그리스도인은 번영을 누리기 시작할 때 특별히 주의해야 한다. 물질적인 필요가 부족함 없이 충족되고 불편하거나 어려운 일들이 없이 만사형통하다면 하나님을 찾는 일이 그만큼 뜸해지게 되고, 하나님의 도우심 없이도 자기 힘으로 무엇이든지 해결할 수 있다는 생각이 마음속에 자리 잡게 되면 필시 하나님과 멀어지기 때문이다. (O , X)

3. 마지막 날들은 배교가 만연하여 혼탁해진 세상이다. 경건의 모양만 남아 있는 때인 것이다. 따라서 정신을 차리고 깨어 (　　　　　)해야 한다. 미혹하면서 달려드는 마귀의 공격에 굳건히 맞설 수 있도록 (　　　　　)해야 하고, 복음을 전파할 수 있는 기회를 위해 (　　　　　)해야 하며, 형제들과 자매들을 위해서 (　　　　　)해야 한다.

4. 서로 뜨겁게 사랑하라. 형제를 향한 뜨거운 사랑은 선한 동기에서 형제의 죄와 허물을 들추어내고 정죄하여서 그를 바로 세우게 된다. (O , X)

5. 그리스도인에게 불같은 시련을 허락하시는 궁극적인 목적은 연단이다. (O , X)

NOTES

NOTES

제6과
신실한 목사의 보상과 젊은이들의 겸손(5장)

『하나님께서 맡겨 주신 자들을 지배하려 하지 말고 오직 양무리의 본이 되라. 그리하면 목자장이 나타나실 때 너희가 시들지 않는 영광의 면류관을 받으리라』(벧전 5:3,4).

하나님의 위대한 사역자 모세

나는 모든 목사들이 "모세의 생애"를 공부해야 한다고 생각한다. 모세는 성경에서 가장 위대한 "목자"였고, "주일학교"에서 200만 명의 양 무리를 통솔했다. 그는 마귀가 함께하는 "집회"(이집트)에서 200만 명을 끌어내어 주님을 따르게 했는데, 바로 그 동일한 회중을 40년 동안 데리고 목회했던 것이다. 뿐만 아니라 그의 누이와 형이 그에게 화를 내기도 했고, 전 회중이 그에 대해 불평을 늘어놓기도 했으며, 그들 중 어떤 무리는 "그 목사를 내쫓기 위해" 위원회를 조성하기도 했다. 그는 자신의 성질을 못 이기고 돌판을 내동댕이쳐서 온 십계명을 한 번에 깨뜨려 버린 적도 있었다. 그러나 그것은 그의 사역의 한 단면에 지나지 않는다. 때때로 모세는 사역을 하다가 지치기도 했고, 사역에 대해 싫증을 내기도 했다. 도대체 그가 얼마나 지쳤는지 알고 싶다면 민수기 11:10-15을 꼭 읽어 보기 바란다. 물론 그처럼 극심한 압박을 받을 때면, 하나님께서 그 옆에 다가오셔서 그를 격려하시고 그에게서 압박을 어느 정도 제거해 주셨다. 그러면 모세는 자리에서 벌떡 일어나 다시 사역을 거뜬히 수행해 내곤 했다(피터 럭크만).

■ 새롭게 깨달았거나 적용할 내용이 있다면 적어 보세요. ■

고난과 영광에 동참하는 목자의 자세와 보상(1-4절)

『내가 너희 가운데 있는 장로들에게 권하노니 나도 장로 된 자요, 그리스도의 고난의 증인이며, 또한 장차 나타나게 될 영광에 동참하게 될 자라』(1절).

1. 목자의 임무와 자세(2,3절)

하나님의 양 무리를 "**치고 돌보아야**" 한다(2절, 행 20:28-32). 마지못해 하지 말고 "**자원함**"으로 해야 한다(2절). 자기 자신을 온전히 드려서 하되 어떤 이해타산이나 물리적인 이득을 염두에 두어서는 안 된다. "**더러운 이익**"을 위해 하지 말아야 한다(2절). "더러운 이익"(filthy lucre)은 "돈"을 의미하는데, **어떤 목사가 돈을 바라거나 먹고살기 위한 방편으로 하나님의 사역을 하고 있다면 그는 결코 하나님께서 쓰시는 사역자가 아니다**. "**준비된 마음**"으로 해야 한다(2절). 올바른 동기를 가지고 해야 한다. 양 무리를 "**지배하려고**" 하지 말아야 한다(3절). 육신적인 권위로 지배하지 말고, 영적인 권위를 가지고 올바르게 권면하고 책망하면서 잘 다스려야 한다.

『잘 다스리는 장로들을 배나 존경할 사람으로 여기되 특별히 말씀과 교리에 수고하는 이들에게 그리할지니라. 성경이 말씀하시기를 "너는 곡식을 밟아 떠는 소에게 망을 씌우지 말지니라." 고 하였고, 또 "일꾼이 자기 삯을 받는 것은 합당하니라."고 하였느니라』(딤전 5:17,18).

"말씀과 교리에 수고하는 목사들을 만나면 아낌없는 존경을 표해야 한다. 피터 럭크만 목사와 같은 분들은 성경 말씀과 교리에 수고하는 일에 관한 한, 정말이지 집을 지키는 충실한 개처럼, 부지런히 일하는 소나 말처럼 열심히 수고했다.

하나님의 양 무리를 치고 돌보아야 할 목자는 먼저 "**양 무리의 본**"이 되어야 한다(3절). 초림 당시 예수 그리스도께서 섬기러 오셨듯이(마 20:28), 그분을 따르는 목자는 권력과 탐심에 따른 "지배욕"을 버리고 오직 "섬김의 본"을 보임으로써 양 무리를 신실하게 보살펴야 한다.

2. 신실한 목자가 받게 될 영광의 면류관

사역자는 신실한 "**종이 되어야**" 한다(마 20:27,28). 이것이 양 무리를 치고 보살피며 본이 되는 목사가 되는 유일한 길이다. 그렇게 하면 "**목자장**"(the chief Shepherd)이신 주 예수 그리스도께서 나타나실 때 "**영광의 면류관**"(a crown of glory)을 받게 될 것이다.

그리스도의 고난에 동참하는 성도들을 위한 권면(5-11절)

1. "젊은이들"을 위한 권면(5,6절) : "복종"과 "겸손"

장로들(목사들)에게 "**복종해야**" 한다(5절). 복종은 "겸손함"에서 비롯된다. "**겸손함**"으로 옷 입어야 한다(5,6절). 하나님께서는 교만한 자들을 대적하시고 겸손한 자들에게 은혜를 주신다(5절). 하나님께서는 마음이 교만한 사람을 가증스럽게 여기신다(잠 16:5). **교만의 출처는 다름 아닌 "마귀"이다**(사 14:13,14). 악인들이 하나님을 찾지 않는 원인은 "교만" 때문이다(시 10:4). **사람을 높이고 낮추는 것은 하나님께 속한 일이다**. 따라서 하나님께서 높이실 때까지는 겸손하게 처신해야 한다.

2. 모든 염려를 하나님께 맡겨야 한다(7절).

『아무것도 염려하지 말고 다만 모든 일에 기도와 간구로 너희의 구하는 것들을 감사함으로 하나님께 알려지게 하라. 그리하면 모든 지각을 초월하시는 하나님의 평강이 그리스도 예수 안에서 너희의 마음과 생각을 지키시리라』(빌 4:6,7).

영원하신 하나님께서 그분의 영원한 팔로 보호하시기 때문에(신 33:27), 그리스도인은 그분 안에서 완전한 화평을 유지할 수 있다(시 121편). 그리스도인은 기도를 하는 사람이기 때문에 염려하지 않는다. "**염려의 시작은 믿음의 끝이고, 믿음의 시작은 염려의 끝이다**"(조지 뮬러). 모든 짐을 하나님께 맡기면 성도들이 흔들리지 않도록 주님께서 붙들어 주시고(시 55:22), 모든 일을 맡기면 생각들이 바로 서게 된다(잠 16:3). 하나님께서는 마음을 주께 의탁하는 성도를 완전한 화평 속에서 지키신다(사 26:3).

3. 정신을 차리고 깨어 있어야 한다(8절).

정신을 차리고 깨어 있어야 하는 이유는 마귀가 울부짖는 사자처럼 삼킬 자를 찾아 두루 다니고 있기 때문이다.

4. 믿음 안에 굳게 서서 마귀를 대적해야 한다(9절).

"믿음 안에 굳게 서서" 마귀를 대적하려면 "동일한 고난을 당하는"(9절) 다른 형제들도 형제들이지만, 무엇보다도 예수 그리스도를 생각하면 된다. **당신이 정말로 믿음 안에서 마귀를 대적하려면 예수 그리스도께서 걸어가셨던 그 고난의 길을 걸어갈 각오가 되어 있어야 한다**. 말하자면 베드로와 같은 가장 신뢰했던 제자로부터 세 번씩이나 부인을 당하는 좌절을 겪어 보아야 하고, 유다 이스카리옷 같은 자들에 의해서 은 삼십 개에 팔리는 딱한 신세가 되어 보아야 하며, 빌라도 앞으로 끌려가는 수모도 당해야 하고, 가시관을 쓰고 십자가에 못박혀 죽는 것과 같은 고통도 경험해야 하는 것이다. 그렇게 할 각오가 되어 있다면 당신은 믿음 안에 굳게 서서 마귀를 대적할 수 있는 자질을 충분히 갖춘 신실한 그리스도인이다.

그리스도인이 마귀를 대적하여 싸우는 가운데 고난을 당한다 해도 그것은 "잠깐"뿐이라는 사실을 기억해야 한다(10절). 그러한 고난이 끝난 뒤에는 주님께서 온전하게 하시고 견고하게 하시며 힘을 주시고 확고히 하신다는 사실을 기억해야 한다(10절). **영원한 고난은 없는 것이다!**

마지막 안부 인사와 결론(12-14절)

감옥에서 보낸 13년 하고도 두 달 동안, 나는 왜 하나님께서 그러한 일을 허락하셨는지 종종 의아하게 생각하곤 했다. 그곳 안에서 가진 자기 성찰의 길고 긴 시간은 우리가 고난을 통과하면서 하나님의 나라에 들어가야 한다고 말씀하는 성경의 가르침을 더욱 잘 이해하도록 도와주었다. 사도 바울과 바나바는 소아시아의 사도들에게 이렇게 이야기했다. 『**제자들의 혼을 강건케 해주고 그**

들이 믿음 안에 거하도록 권고하며 또 우리가 많은 환난을 거쳐서 하나님의 나라에 들어가야 한다고 말하니라』(행 14:22).

고난에 직면할 때 인간이 보이는 첫 번째 반응은 그것이 견디기에 너무 어렵다고 생각하는 것이다. 그래서 그것을 피하려고만 한다. 그러나 훗날 우리는 그 고난들이 엄청나게 가치 있고 금보다도 더 귀중하다는 것을 깨닫게 된다. "고난"은, 짚이나 그루터기 같은 것들이 다 타 버리고 순금만 남아서 그 어느 때보다 더 영롱하게 빛나도록 우리 그리스도인들이 겪어야 할 불길이었던 것이다. 그 과정에서 교회의 "구조물"은 파괴되고 몰락할지도 모른다. 하지만 살아 있는 진실한 교회, 그리스도의 몸 된 교회, 박해받는 교회는 영원히 남게 될 것이다(불가리아의 공산주의 치하에서 사역한 하랄란 포포프 목사의 책 〈고난 속에서 지킨 믿음〉, p.34).

■ 새롭게 깨달았거나 적용할 내용이 있다면 적어 보세요. ■

제6과 복습문제

1. 『너희 가운데 있는 하나님의 양무리를 치고 돌보되 마지못하여 하지 말고 자원함으로 하며 (   )을 위하여 하지 말고 준비된 마음으로 하며 하나님께서 맡겨 주신 자들을 지배하려 하지 말고 오직 양무리의 본이 되라』(벧전 5:2,3).

2. 『그리하면 목자장이 나타나실 때 너희가 시들지 않는 (   ) 을 받으리라』(벧전 5:4).

3. 『이와 같이 너희 젊은이들아, 장로에게 복종하라. 너희 모두가 서로 복종하고 겸손함으로 옷입으라. 이는 하나님께서 (   )한 자들을 대적하시고 (   )한 자들에게 은혜를 주심이니라. 그러므로 하나님의 능하신 손 아래서 겸손하라. 때가 되면 그분께서 너희를 높이시리라.』(벧전 5:5,6).

4. 『너희의 (   )를 다 하나님께 맡기라. 이는 그분께서 너희를 돌보심이니라』(벧전 5:7).

5. 『정신을 차리고 깨어 있으라. 이는 너희의 대적 (   )가 울부짖는 사자처럼 삼킬 자를 찾아 두루 다니기 때문이니라. (   ) 안에 굳게 서서 그를 (   )하라. 이는 세상에 있는 너희 형제들도 동일한 고난을 당하는 줄을 앎이니라』(벧전 5:8,9).

NOTES

NOTES

복습 문제 정답

제1과

1. X
2. ⑤
3. 고난
4. 고난
5. 은혜

제2과

1. X
2. 구원, 고난, 영광
3. X
4. 하나님의 말씀
5. 시련, 영광

제3과

1. 말씀
2. 선택받은, 왕 같은, 거룩한, 독특한
3. 선을 행함
4. 하나님의 종들
5. 부르심, 고난

제4과

1. 복종
2. O
3. 사랑, 사랑
4. X
5. 기도
6. O
7. X

제5과

1. 죄
2. O
3. 기도, 기도, 기도, 기도
4. X
5. O

제6과

1. 더러운 이익
2. 영광의 면류관
3. 교만, 겸손
4. 염려
5. 마귀, 믿음, 대적

< 추 천 도 서 >

베드로전후서

피터 S. 럭크만 지음 / 452쪽

20,000원(eBook 14,000원)

환란과 재림을 다룸에 있어서 다소 난해하다고 여겨졌던 교리들이 럭크만 박사의 명석한 해석으로 명확하게 풀린다.

고난 속에서 지킨 믿음

하랄란 포포프 지음 / 278쪽

10,000원(eBook 7,000원)

공산주의 치하의 불가리아에서 믿음을 지키기 위해 13년 동안 옥고를 치른 하랄란 포포프 목사의 사역을 그려 놓고 있다.

고난의 선물

F. B. 마이어 지음 / 272쪽

8,000원(eBook 5,600원)

이 책은 "왜 그리스도인이 고난을 당하는가"라는 주제에 있어서 지금까지 저술된 책 중에서 가장 탁월한 책이다.

완벽한 교회는 없는가?

이송오 목사 지음 / 296쪽

12,000원(eBook 8,400원)

많은 사람들이 믿음을 저버리는 이 배교의 시대에 사람들은 하나님께서 성경에 제시하신 참다운 교회의 모습을 찾고 있다.

솔로몬 성경공부 시리즈

베 드 로 전 서

믿음의 선한 싸움을 싸우라

초판인쇄 2024년 11월 21일
초판발행 2024년 11월 22일
지 은 이 / 편 집 부
발 행 인 / 박 승 용
발 행 처 / 말씀보존학회
출판등록 / 제409-2022-000036호
주 소 / 서울 강서우체국 사서함 제90호
전 화 / (02) 2665 - 3743
팩 스 / (02) 2665 - 3302
인 터 넷 / www.biblemaster.co.kr

잘못된 책은 바꿔 드립니다.

값 10,000 원